환승의 이중 구조

최명선 시집
환승의 이중 구조

저　자 | 최명선
발행자 | 오혜정
펴낸곳 | 글나무
　　　　서울시 중구 수표로 45. 비즈센터 905호
전　화 | 02)2272-6006
등　록 | 1988년 9월 9일(제301-1988-095)

2021년 11월 20일 초판 인쇄 · 발행

ISBN 979-11-87716-59-4 03810

값 9,000원

저자와 협의하여 인지를 생략합니다.

＊이 책은 강원도, 한국문화예술위원회, 강원문화재단 후원으로 발간되었습니다.

환승의 이중 구조

최명선 시집

| 시인의 말

세 번째 시의 집을 지었습니다.

덜 익음이 끌고 온 힘이 아니었을까
감히 고백 드리며
시의 행간을 거닐다가
낯익은 풍경 하나 마음 끝에 닿는다면
닿아 오래도록 지워지지 않는다면
그 서정의 둘레 어디쯤에서
당신과 나
작은 위로의 손, 잡았음을 믿겠습니다.

넉넉한 마음으로 해설을 맡아주신 김종헌 시인님,
오십 년 뿌리로 자양을 나누는 갈뫼 회원들과 시우들,
늘 응원을 아끼지 않는 가족들과 강원문화 재단에
깊은 감사를 드립니다.

2021년 늦가을 최명선

차례

시인의 말 — 5

1부

환승의 이중 구조 — 13
삼월 — 15
목련의 우화 — 16
그리운 벌레들 — 18
흔들리는 청호동 — 20
벽화가 있는 집 — 22
봄눈 — 23
쓸쓸한 당부 — 24
손바닥 지도 — 25
남루의 안쪽 — 26
따뜻한 슬픔 — 27
망각 — 28
무례한 쉼표 — 29
곡두 — 30
소금꽃 — 32

최명선 시집

2부

선풍기 ― 35
비를 읽는 오후 ― 36
오래된 의자 ― 38
불안한 침묵 ― 39
가시에 찔리다 ― 40
돌부처 ― 42
다시 쓰는 4월 ― 44
버려진 시계 ― 46
미리 보기 한 컷 ― 48
저무는 봄밤 ― 49
고란사에서 ― 50
동백의 서 ― 51
구름 새 ― 52
여우비 ― 53
오래된 집 ― 54
구월 ― 55
골목대장 ― 56
말문 ― 58

차례

3부

울산암에서 — 61
무례한 사월 — 62
기형의 봄 — 64
나뭇잎 경전 — 66
폭설 — 67
흙의 집성촌 — 68
누구의 봄이었을까 — 70
흔들바위 — 71
처서 — 72
솟대 — 74
끝물 — 75
풍장의 서사 — 76
떠나는 것에 대하여 — 77
상처의 힘 — 78
설악역 — 80
눅눅한 습성 — 81
길을 읽다 — 82

최명선 시집

4부

내이도 달팽이 — 85
1월 — 86
불 꺼진 십자가 — 88
모래시계 — 89
단수 — 90
압력밥솥을 읽다 — 91
그래도 꽃 — 92
나도 그런 때가 있었다 — 93
그믐 무렵 — 94
스미다 — 95
소한 무렵 — 96
아름다운 회귀 — 98
산다는 게 참 — 100
매듭의 속성 — 101
생의 변곡점 — 102
길 위의 길 — 103
서로라는 말 — 104
시간의 문 — 106

해설 | 언어로 그려진 담백한 수채화를 보다 /
　　　김종헌 — 107

1부

환승의 이중 구조

이번 역은 소요역입니다
내리실 분은 불빛 쪽 문을 이용하시기 바랍니다
안내 말이 채 끝나기도 전
익숙한 듯 올라타 자리를 잡는 열 시

거기는 임산부와 노약자 자리입니다
덜 익은 어둠이 주춤거리는 사이
만삭의 열한 시가 뒤뚱거리며 올라탄다

소요를 떠나보낸 고요역
꼬리 잘린 도마뱀처럼 열두 시가 사라지고
시간의 숲으로 울음도 없이 태어나는 또 다른 하루

오늘과 내일의 환승역에서
흘러내리는 피곤을 바닥에서 떼어내며
길에게 끌려가는 시든 청춘들
다시 못 볼 것 같은 눈빛으로 서로를 배웅하고
어둠이 반기는 골목을 오른다

공중 부양된 역사에서
형광색 불빛 하나 마중을 나오고
힘 얻은 바닥이 바닥을 밀며 다다른 곳

그곳은 어린 것의 숨소리 하나만으로도
등이 휜 아비의 하루가 펴지는
환승의 마지막 종착역이다

삼월

흩어진 햇살 모아 봄 지핀다

잠자는 자모들 깨워
빈 행간 채우다 보면
어느새 당도해 있는 문밖의 사월

첫 문장은 퇴고도 못한 채 넘어가고
문패 바뀐 단락 밖에서
한 권의 생이 완성될 때까지

넘칠까 모자랄까 입이 마르는
나는 3월이다, 계절의 어미다

목련의 우화

겨울 건너온 애벌레들
곤한 잠을 자고 있다
나무는 깰까 까치발 들고
잠갔던 물관의 밸브를 연다

사는 건 늘 기다리는 것이란다
밖은 아직 춥다고
지나가던 햇살 귀띔해 주지만
선잠 깬 애벌레들 답답한지
껍질에다 군데군데 바람구멍을 낸다

그래, 그럴 때 있었지
함부로 날개를 꿈꾸던 시절
세상은 나를 위해 돌아 줄 것이라고
설익은 마음 따라 길 나서던 때 있었지

꽃눈 정독하기도 분에 겨운 이른 봄
조급히 허물 벗는 목련 나무 아래 서서
돋다가 만 내 날개의 안부를 물으며

아픈 등줄기를 가만히 쓰다듬는다

그리운 벌레들

내 몸에는 두 마리 벌레가 산다

아침에 나가면
한 마디씩 더 늙은 모습으로 귀가하는 벌레들

오늘은 아침부터 비가 내리고
그들은 내 숨구멍을 모두 막아 놓고 밥을 벌러 나갔다

하루 종일 그들을 기다리는 나는 집 벌레

이런 나를 아는지 모르는지
그녀는 내 몸을 열며 잘 있었지 웃는다
나는 말없이 지친 그녀를 받아 무릎 위에 누인다

저녁 등이 켜지고
사람 냄새 밥 냄새 어우러지면
비로소 내 안에 도는 안도의 피

죽어 있던 시간의 태엽을 감으며

하루치의 이야기를 풀어내는 우리는
카프카를 벗어난 먼 이역에서
이렇게 서로에게 그리운 벌레가 되었다

흔들리는 청호동

반세기 넘게 흔들리는 반도의 땅이 있다
가리라, 가리라 몇 년이던가
망향가도 목이 쉰 아바이마을

오징어도 명태도 고향으로 갔는지
빈 덕장엔 바람만 오가는데
가고 싶다, 고향에 가고 싶다
날마다 보채는 다섯 살 아버지를
갯배에 태워 달랬다는 칠순의 아들

실향을 울던 아버지는 고향에 잘 도착했는지
사투리를 벗어버린 청호동에서
문득 내가 섬이 되는 눅눅한 오후

눈이 먼저 읽은 낯선 풍경 뒤로하고
선착장으로 난 길을 무겁게 끌고 갈 때
어디선가 들리는 끝물 같은 망향가

바다 쪽으로 귀를 세운 작은 창 앞에 서서

취기 서린 소리 하나 비문처럼 받아 읽고
닻 내린 갯배의 줄을 당긴다

벽화가 있는 집

맨살로 지낸 스무 해
드디어 벽돌담이 옷을 입었다
갓난아이 배내옷 입듯 처음 색을 입었다

세상에서 가장 큰 병은 외로움이라며
입담만큼 솜씨 좋은 그림쟁이 남자는
색색의 꽃들을 담 가득 심었다는데

꽃에 앉은 나비들
삐걱거리는 문소리에 날아갈까 봐
대문도 활짝 열어둔다며

저것 봐, 저것 봐
지나가는 바람도 꽃이 고우니
한 번씩 슬쩍 앉았다 간다고
빈 볼 가득 詩를 오물거리는 꽃집 할머니

봄눈

남의 문패 아래 산 적 있다
온실에서 막 나와
바람만 스쳐도 휘청였던

제 터 잃고 남 터에 몸 푸는
그 맘 내 모를까

오면서 녹는 마음
그 또한 내 모를까

볕 한 올에도 눈물이 흐르던
더부살이 속내

말 안 해도 알지, 그 맘 내 알지

쓸쓸한 당부

가파른 산길
몸으로 계단을 만든 늙은 나무가 있다

맘 놓고 밟고 가라
걱정 말고 딛고 가라
비탈마다 써 붙인 낯익은 육필 편지

가셔서도 못 미더워 나무로 오셨는가
여미지 못한 불효에 목젖이 타는 아침

닳아 반들거리는 불립문자 앞에 서서
후회 타서 마시는 막심莫甚 한 사발

손바닥 지도

.
부모님이 그려 주신 손바닥 지도

가다가 끊긴 생명선은 새 길을 냈고
잘 뻗은 재물선은 궁함 속에 늠름하니
욕심만 밖에 두면 추울 일 있겠는가

주먹 쥐며 살아온 세월 있어
흘러든 잔금들
바라보니 지울 길 아득하다만
어쩌겠는가 피붙이 챙기며 가야지

말랑한 지도 두 장 주머니에 넣고
들길 따라 걸어보는 이른 봄날

잔설 위로 고개 내민 여린 풀잎 앞에서
끊긴 길 찾느라 애썼다, 애썼다
서로의 마음 끝이 눈물에 닿을까
젖은 말을 삼키며 부지런히 걸었다

남루의 안쪽

바람 찬 봄날
벚나무 아래 서서 나무를 봅니다
검게 색이 변한 채 마르고 갈라지고
몸 어느 한 곳 성한 곳이 없습니다

아이를 낳으면
열린 마디 아무는데 백날이 걸린다는데
해마다 겪는 산고가 오죽할까요

세상에 나오는 일
이름 하나 다는 일
사람이나 나무나 다름 있으려고요

남루해 보였던 것이 때로는
귀한 것일 때가 있듯
가만히 안아 보는 갈라진 나무의 몸

그 끝 어디쯤에서 피었을 기쁨이
지금 내 안에서 환하게 피어나고 있습니다

따뜻한 슬픔

도배를 새로 하려 벽지를 걷어내자
벽 한쪽에 실금이 나 있다

붉은 꽃 속에 감추어진 상처 한 줄
아버지 몸에 난 수술 자국 같다
어둡고 시린 곳에서 스스로 살을 찢기까지
얼마나 많은 견딤이 오고 갔을까

빛바랜 꽃들을 뽑아내고
환하게 새 벽지를 입혀 보지만
상처에 자꾸 손이 가듯
마음이 먼저 가 길을 내는 곳

기대면 눈 붉어지는 벽 하나 있다
상처는 오래도록 흔적을 남기지만
흔적마저 따뜻한 아버지의 등

오늘도 나는 그 등에 기대
아버지와 한참을 그렇게 있다 왔다

망각

정전이 되었다
오차 없이 팔딱이던 시계의 심장이
순간의 기억을 잃은 채
과거와 미래를 잇는 끈을 놓아 버렸다

충전이 되자
힘차게 피돌기를 하지만
건너뛴 시간의 행방은 묻지도 않은 채
앞만 보고 달리는 서늘함

그 아래
잊었다는 것조차 잊어버린
알츠하이머 할머니
모락모락 김 오르는 따끈한 기억만
골라 솎아 내며 함께 가시고

무례한 쉼표

얼마나 더 기다리면 꼬리에 피가 돌까

날은 점점 저물고 풍랑 이는데

막막한 생의 난바다에서 구조를 기다리는

동력 잃은 어느 가장의 기약 없는 무급 휴가

곡두

김장하고 남은 파를 화분에 심었다
잘라먹어도 금방 자라는 초록 기둥

몇 번을 잘랐을까
상처를 말라 붙인 채 자람을 멈춘 파

비스듬히 누워 있는 파를 뿌리째 뽑는다
어둡고 습한 땅속에
질기디질긴 거죽만 걸친 텅 빈 속

토실토실 살 오른 자식들 곁에
자주 어지럽다 누우시던
병약한 어머니가 거기 계셨다

가진 것 다 주고
견딜 수 없는 것을 견뎌 내던 어머니

요양원 한편에서 주무시다가
혼자 떠난 하늘길이 내내 섭섭했는지

꿈도 아닌 세상 속에 샛길을 내고
이렇게 가끔 딸 집에 들르시곤 하신다

소금꽃

구운 소금 가루를
사기그릇에 담아 두고
이를 닦게 하셨던 어머니

배추에 숨을 죽이듯
치아의 불청객들을 막곤 하셨는데

물의 집을 떠나
불의 세상을 지나서
겉돌지 않고 스스로 녹아들어
쓰임을 받는 소금

빛나서 빛이 되는 게 아니라
그림자로 녹아들어 빛이 되는 그를
어머니는 늘 의롭다며 소금꽃이라 부르셨다

2부

선풍기

날개가 있어도 날지 못하는 새가 있다

수천 날을 파닥여도 헛맴을 도는 새

몇 겹을 더 돌면 날아갈 수 있을까

독침처럼 따가운 여름 정수리

가릉 거리는 숨소리 잠시 재우고

달아오른 죽지를 조용히 식히는

저기,

조롱 속에 갇힌 늙은 새 한 마리

비를 읽는 오후

솔잎 끝에 슬어 놓은 비의 알

아슬아슬 매달린
저 작고 앙증맞은 것들이
스스로 지느러미와 아가미를 만들면서
바다로 헤엄쳐 간다는 말이지
돌고 넘고 쉬기도 하면서
그렇게 흘러서 간단 말이지

구불구불 허리를 구부린 채
빗방울을 받아 내는 길을 본다
조그맣고 말랑한 빗방울을 위하여
몸을 굽힐 줄 아는 넉넉한 하심

급할수록 허리를 왜 더 많이 휘는지
엄마의 허리가 왜 거기 있는지
곡선 따라 작정 없이 흘러보는 오후

흠뻑 젖은 마음 잠그지 못하고

집에 와 누워서도 밤새 비를 맞았다

오래된 의자

탈골된 다리 하나 허공에 기대 놓고
제 생을 갉아먹는 나무 의자

살과 **뼈**로 함께하던 어제를 버리고
못은 어디로 모습을 감췄을까

이름을 놓아 버린 의자와 폐목 사이
누추가 세워 놓은 꼿꼿한 기다림

기울어진 한 치가 전생보다 길다

불안한 침묵

붉은 꽃잎 두 장을 마주 붙인다

불 꺼진 역사처럼 어두워진 꽃 속
목젖 아래 말들은 다 어디로 갔을까

안팎으로 흐르던 고요를 깨고
꽃잎 속에서 생각이 흘러나왔다

숨이 막혀요
이제 문을 열어야겠어요

늘어진 지느러미를 흐느적거리며
달그락거리던 꽃잎이 문을 열었다
차례를 기다리던 말은 보이지 않고
입속을 흐르는 뜨거운 기운

순간,
마른침 넘기는 소리가 나고
불안을 감지한 꽃잎이 저절로 닫혔다

가시에 찔리다

도미를 손질하다 가시에 찔렸다
검지가 마비되고 퉁퉁 부었다

세 시간을 기다린 끝에
2분을 할애해 준 의사는
수술을 해야 될지도 모른다는 말로
기선제압을 한다

뻣뻣한 의사 앞에
그보다 더 뻣뻣한 권총을 겨누며
장전된 염증이 발사될 수 있도록
막힌 총구 뚫으라고 명령을 했다

불복의 시간은 일주일을 넘기고
방아쇠 한 번 당겨보지 못한 채
벌겋게 달아오른 총신을
얼음으로 식히는 시간

다 지나가리라,

최면을 거는 마음에
도미의 시퍼런 눈이
뇌관처럼 자꾸 어른거리고

돌부처

돌 하나를 잃어버렸다
부처를 닮아 늘 가방에 넣고 다니던
믿음의 돌

수호신이 곁을 떠난 것 같아
마음 쓰이던 어느 날
집 앞 언덕을 막 내려서는데
폐지를 가득 싣고 올라오는 할아버지
그날따라 리듬 타듯 발걸음이 가볍다

비켜서며 돌아다보니
책가방을 멘 남학생이
땀에 젖은 채 리어카를 밀고 있었다

혼자만 잘 살믄 무슨 재민겨?*
내 곁 떠난 돌이 산부처 되어
할아버지 생의 가파른 언덕을
온몸으로 한 삽 또 한 삽 퍼내고 있었다

* 2002년 MBC 느낌표를 통해 좋은 책으로 선정되었던 소설가 전우익의 책 제목

다시 쓰는 4월

수선화가 쓰러졌다
일으켜 세워도 다시 쓰러진다

꺾인 허리를 지지대에 묶으면서
가만히 말했다
오래 누워 있으면 욕창이 생긴단다

맨몸으로 견디었을 맹골도 천 길 바다
그 마음 너 모르고 난들 모르겠냐만
무시로 젓는 고갯짓

아직도 차오르는 바닷물이 보이느냐

너는 죽어간 꽃들의 또 다른 이름이다
살아와서 고맙다
살아줘서 고맙다

꽃비 날리는 사월은 또 왔지만
내 아픔으로는 아무것도 대신할 수가 없어

네 피로
네 살로
세상 향해 밝힌 노란색 조등

잊힐까
물 먹은 내 눈에 꾹꾹 눌러 담는다

버려진 시계

쓰레기장에 버려진 벽시계 하나
사망 시간을 가슴에 적어 놓고
편안하게 누워 있다

소요를 물리고
낙관처럼 찍은 생의 끝 점
어떤 죽음이 저렇게 간결할 수 있을까

제 생의 마지막을
질척하게 토해 내는 물컹한 것들 곁에
꽃 피우듯 피워 낸 서늘한 고요

모래시계 돌리듯 돌려놓으면
심장이 다시 뛸 것만 같아
한 걸음 다가서다 되돌아선다

그가 택한 건
죽음이 아니라 자유일 것 같아서

소리를 빠져나온

또 다른 세상의 고요일 것 같아서

미리 보기 한 컷

할머니 한 분 건널목을 건넌다
신호는 이미 바뀌었는데 아직 길 가운데 있다

대기 중이던 차 속에서
천천히 건너시라고 손짓을 하자
청년 하나 달려가 할머니를 부축한다

안도의 마음으로 지켜보는데
할머니의 얼굴과
무럭무럭 늙어가는 내가 겹쳐 보인다

애써 도리질을 하며
아직은 시야 밖이다, 마음 달래 보지만
몇 굽이 돌면 만나게 될
내 생의 미리 보기

그것은 이미 시야 안에 들어온
반사경 속의 한 컷이었다

저무는 봄밤

창밖엔 눈이 내리고
나는 창에 기대서서 눈을 바라봅니다
밤늦도록 돌아오지 않는 잠처럼
몸에 익은 것들 하나둘 곁 비우는 이즈음
빼곡히 들어찼던 욕망도
여기저기 기웃거리던 관심도 떠나고
쓸쓸한 평안만 오롯합니다
그 속으로 푸들푸들 적막이 자라지만
언젠가는 그도 저물고 만다는 걸
나는 압니다
멀었으나 가까워진 오늘처럼
무거웠으나 가벼워진 지금처럼
저문다는 건 피어나는 일 다름없다고
내가 나를 다독이는 따듯해서 시린 밤
오면서 녹는 봄눈같이
스스로 흔적 지우는 연습을 하는지
남은 것들이 서로의 안녕을 눈으로 물으며
덤덤히 스쳐 가는 그런 밤입니다
오면서 저무는 봄밤입니다

고란사에서

영종각 앞
자유롭게 타종하라는 글에 당을 든다
무엇을 기원하며 종을 칠까
망설이는 내 맘을 알아차렸는지
내려놓고 자유로워라 말씀을 건넨다
때린 만큼 맞아 주는 범종
흩어진 종소리는 한동안 말이 없고
오롯이 남은 고요 속으로 들어가
또 다른 나를 위해 몸을 여는데
한 번 두 번
소실점처럼 멀어지는 종소리에
뜨거워지는 마음
무거운 몸 돌계단에 얹으면서
나에게 너에게 또 세상 모두에게
살아내고 살아지는 일이 고맙고 미안해서
말을 닫고 천천히 걷는다
낮은 곳으로 흐르는 강심이 보이고
고개 숙인 강아지풀도 마음에 들어오는
바람길 조붓한 처서 무렵이었다

동백의 서書

툭
끈이 끊어지듯
툭

생의 전부를 놓고 가는 마지막 말이
저리 뭉툭하다니

하지만
이보다 더 깊은 고요가 있을까도 싶고
이보다 더 아픈 이별이 있을까도 싶고

구름 새

푸른 하늘에 하얀 새 한 마리

바람이 불 때마다 깃털이 빠진다

기형의 날개를 가진 저 새는

파지로 버려진 미완의 내 시다

썼다 지웠다 주제도 잃은 채

허공을 떠도는 내 시의 혼이다

여우비

위층 사는 젊은 부부
우레로 휴일 한낮 단잠을 깨우더니
진자리 채 마르기도 전
두 손 잡고 나비처럼 팔랑거린다
안녕하세요?
안녕하세요?
염치없이 남의 잠 훔쳤거나 말거나
또각또각 무료를 깨우는 상쾌한 구두 소리
음식물 쓰레기봉투 치마 뒤로 물리고
그럼요, 그럼요 안녕하다 말다요
뻔뻔함이 예뻐 생긋 웃어줬다
부러움에 또 한 번 쌩쌩끗 웃어줬다

오래된 집

야식을 먹었다
늦은 시간에 일을 시켜 화가 났는지
위벽을 슬슬 긁어대기 시작한다

젊었을 때는 상처꽃 여기저기 피워대도
누가 볼세라 꽃 진 자리 잎으로 덮어 주더니
툭하면 쓸 만한 기둥에 구멍을 내고
사통팔달 열린 길을 막으려 든다

막으면 뚫고 뚫으면 메우고
적당한 밀당이 일상이 된 집

나이를 먹으면 내 몸도 내 것이 아니라며
이승에서나 저승에서나 자식 걱정인 어머니
깊은 밤 가슴에 두 손을 얹고
응집된 어제를 허무는 몸의 무례를
말없이 견디는 딸이 안타까웠는지
약봉지를 들고 거울 앞에 나타나
기우뚱거리는 집을 가만히 지켜보신다

구월

매미와 귀뚜라미가
함께 울고
냉방기 난방기가
같이 도는 구월

젊은 축에도
늙은 축에도
끼지 못하는 나처럼
여름도 가을도 아닌
깍두기 계절

하지만 다시 보면
초록 볏잎 속에서
모락모락 밥 냄새
피워 내는 구월

골목대장

십수 년 만에 만난 친구가 명함을 건넨다
기사의 보필을 받으며
최고급 승용차에 오르는 그를 보내고 명함을 읽는다

명함지 밖으로 흘러넘치는 자본의 끈들

웃자란 활자 가운데 허세 몇을 잘라 내고
어릴 적 별명 하나를 제일 앞에 넣는다

가난에 기죽지 않던 날쌘돌이 골목대장

수 갈래로 뻗어 나간 세속의 길들과
직진으로 찍힌 초록 신호등 속에
아련하게 번지는 눅눅한 기억들

그동안 애썼구나
학연 지연도 없는 서울 한복판에서
맵고 시린 밥 삼키느라 애 많이 썼구나

명함 속 낱말들이 액세서리가 아닌
단단하고 따뜻한 생의 밑돌이 되길 바라며
풀어놓은 추억을 천천히 되감는다

말문

한적한 오후 찻집
칸막이 너머 들려오는 말이 붉다

성큼성큼 건너는 진실과 농담 사이
그들의 말문은 쉽게 닫히지 않고
나갈 곳을 찾다가 주저앉는 나의 귀

기다림이 켜 놓은 지루한 시간 속
고요를 깨는 구두 소리 들리고
나에게도 혀가 돋기 시작했다

벗어 놓은 침묵 위에 쌓이는 소음
누군가의 귀가 맵지 않길 바라며
돋은 혀를 가만히 아래로 누른다

3부

울산암에서

한 계단에 소망을
또 한 계단에 기원을 담아
무겁게 짊어지고 올라간 정상

맞아 주는 건 바람 소리뿐
아무도 없었다

반기지도 내치지도 않는
바위산에 서서
세상 내려놓고 나를 꿇는다

텅 빈 마음에 차오르는 뜨거움

내 안이 적멸보궁인 줄 모르고
한 생을 헤맸다

무례한 사월

마의 근성을 버리지 못한 채
잊을만한 거리에서 다시 마을을 삼킨
저 악의 불꽃은 누구의 원혼일까

뼈만 남은 집터에서
까맣게 탄 볍씨를 헤집던 농부의 눈빛과
침묵으로 답하던 충직한 화법은
어느 신이 가르쳐 준 겸손일까

사라진다는 것과
살아진다는 것의 아뜩한 틈새에서
별일 없다는 것이 죄처럼 박히는
잔인한 봄밤
순교에 든 나무들과
가축들의 영혼은 또 무엇으로 달래나

검게 그을린 불구의 도시에서
꾸역꾸역 나는 또 밥을 삼키겠지만
수저 들기 미안한 날이 하나 더 보태진

무례한 사월

미쳐 날뛰는 불길을 지켜보며
데인 듯 쓰리던 몸
생각마저도 불이 붙었는지 내 머릿속에선
밤낮 굉음을 내며 소방차가 지나간다

* 2019년 4월 4일 밤 속초, 고성 대형 산불

기형의 봄

봄이 채 길을 내기도 전
매화가 달려오고 동백이 왔습니다

뒤이어 뛰어온 모란과 명자
넘어진다,
봄이 손사래를 쳐 보지만
그저 앞만 보고 달려옵니다
코로나가 창궐하는 사람의 세상
위로가 되겠다며 꽃들이 옵니다

밭둑에서 허리를 꼰 채
지켜보던 도화가
눈인사로 반겨 주는 애틋한 봄입니다

먼 산엔 아직 눈이 하얀데
앞 다투어 달려온 색색의 희망들

하늘도 목마를까 실비를 보내는
둥근 봄입니다만

사람은 없고 꽃들만 환한
꽃들이 세상을 끌고 가는 기형의 봄입니다

나뭇잎 경전

떠날 자 모두 떠난 겨울 우듬지

평생 말아 둥글게 절 한 채 지었다

불상도 없고 단청도 없지만

춥고 고단한 자 쉬었다 가라고

몸 벗어 지으신 무량한 말씀 한 채

폭설

긴급 공지
백색 뉴스다

연약한 꽃잎도 마음만 먹으면
세상 모두를 덮을 수 있다고
가둘 수 있다고

자연이 인간에게 보내는
경고 메시지

흙의 집성촌

물가를 다녀오면 몸이 무겁다

흙으로 빚었으니 그러려니 하면서도
사철 비를 맞는 장독보다 내가 먼저
부서질 것 같다는 생각이 든다

장독에 금이 가면 철사로 동여매고
소금 독으로 쓰던 어머니
여기저기 틈이 생긴 나도
정신의 올로 몸을 묶고 기다리면
무겁고 습한 것들이 빠져나갈까

온종일 달구어진 항아리에
가만히 기대앉는다
몸이 따뜻해지면서 지난밤 쌓였던
불면의 간수가 빠져나가는지
스르르 눈이 감긴다

흙으로 빚은 항아리 한 채와

사람 한 채가 빚는 고요 곁
흙 속에 발 묻은 맨드라미 한 채가
까치를 좇는 모습을 본 것도 같고

누구의 봄이었을까

길가에 버려진 찔레꽃 가지
꺾이지 않으려 얼마나 애를 썼는지
발바닥이 온통 상처투성이다

오는 길 매웠으면 사는 길은 아름다워야지
손목 잡고 집으로 와 꽃병에 꽂는다

얼마가 지났을까
구겨 넣었던 봄이 꿈틀거리면서
시든 꽃잎 위로 살아나는 길

그렇게 꽃의 한 시절은 열렸다가 닫히고
아무렇지도 않게 꽃병을 비우려는 순간
깊디깊은 심연에서
살뜰히 죽어가는 곡진한 생의 뿌리

정작 그 봄은 누구의 것일까
찔레 가지는 찢긴 발로 꽃의 길을 만드는 동안
나는 그저 꽃만, 꽃의 낯만 본 것이다

흔들바위

날마다 조금씩,
조금씩 흔들리며 서쪽으로 간다
제 몸 부수며 서쪽으로 간다

흔들리고 흔들려야 건널 수 있는 곳
부서지고 부서져야 닿을 수 있는 곳

하지만
기다림을 울던 먼데 사람아
이제 더는 아파 마라
발자국도 세지 마라

너는 다시 태어난 설악의 바위다
전설에 피가 도는 살아 있는 바위다

처서

여기저기
화상 자국을 남기고
여름이 간다

살며시 와
상처 위에 바람을
발라 주는 가을

그 자리
잊은 듯
새살이 돋겠지만

새살 돋아
아무렇지도 않게
살아지겠지만

골목 어귀에서
서성거리는
등 굽은 여름

어디로 가는 걸까
사라지는 것들은

솟대
― 베어트리파크에서

향나무 정수리
초록 새 한 마리
주저앉지 않으려고
어미 몸에 뼈를 박고
꼿꼿하게 서 있다

푸들거리는 날개를
수시로 잘라 내며
부동의 깃을 치는
주술의 새여

피가 돌아 슬픈 너는
세상 어미의 아픈 손가락이다

허공에 갇혀서 날 수가 없는
물컹한 자본의 시린 솟대다

끝물

그제는 꽃무릇 잎이 떠났습니다
뜨거운 내력으로 꽃무덤 쌓으며
오늘은 능소화가 무리 지어 갔습니다

굽은 소나무 선산 지키듯
소금기 첩첩 밴 여름을 뒤로하고
휘어진 오이와 성치 않은 호박이
말라붙은 어미의 가는 젖줄을
힘겹게 물고 선 계절 끝자락

늙은 감나무 제 몸으로 그늘을 만든 뒤
손으로 가만가만 부채질을 해줍니다
뜨겁고도 서늘한 풍경입니다

문밖 갈바람도 마음 짠한지
선뜻 문고리를 잡지 못하는
끝물들의 눅눅한 풍경입니다

풍장의 서사

식어 가는 체온을 바람에 맡기며
모든 것에 안녕을 고한다
힘없는 것들이 힘 있는 것처럼
한꺼번에 떨어지고
우듬지에 서서 끝까지 버티겠다던 그에게
남은 힘을 모아 손을 흔들어 준다
나는 아직 살아 있고
누군가 불러 주는 참 예쁜 벚나무 잎이라는 말을
만장처럼 끌어안고 눈을 감는다
서로가 서로에게
잠들면 죽는다는 소리를 유언처럼 건네며
나무의 울 안을 서서히 벗어난다
입동을 지나며 모두 조급해졌는지
볕에 기대 스스로를 말리며
편히 갈 수 있도록 둥글게 마는 몸
어디선가 검은 바람이 달려와
해 진 쪽을 향하여 몸을 받아 눕히고
그 위로 어둠을 무덤처럼 덮었다

떠나는 것에 대하여

장마 끝난 골목길에
삼단 우산 하나가 버려져 있다

더위는 다시 살아 세상을 달구지만
젖은 속 미처 말리지도 못한 채
저무는 담벼락 아래 쪼그리고 앉아
상한 날갯죽지 파닥이는 작고 검은 새

늑골까지 저렸던 비의 난타는
여름 한낮에도 혹한이었겠지만
그토록 피하고 싶었던 비바람이
살아가는 힘이었다는 걸 그는 알고 있었을까

늙고 병든 새가 모습을 감추고
하릴없는 나도 남겨지면서
텅 빈 새장 바라보듯
비어 가는 뼈마디 곳곳 들여다보며
떠나는 것들에 대한 서사를 만져보는 것이다

상처의 힘

갑자기 쏟아진 소나기
속수무책 당한 길이 아우성이다
여기저기 살점이 떨어져 나가고
몇몇은 제 몸 헐어 물길을 만든다

언제 그랬냐는 듯 비는 멎었지만
웅덩이엔 떠나지 못한 빗물이
포로인 듯 갇혀 있고
가라앉힌 슬픔 위에 떨어진 갈잎 한 장
바람이 불 때마다 쪽배처럼 일렁인다

누군가 던진 말 한마디에
가슴 깊은 곳에 구멍이 난 적 있다
잊지 못할 만큼은 아니었으나
쉬이 잊어서도 안 될 것 같은 생각이
다짐처럼 온몸에 파고들었을 때처럼
길도 그렇게 아팠으리라

하지만 꼬깃꼬깃 접어 넣었던 말의 상처가

스스로 자국을 지우며 희미해진 것처럼
볕을 당겨 길도 흔적을 말리고
바람 불러 새살을 돋게 할 것이다

가두는 삶은 습하고 무겁지만
열린 곳은 빛처럼 환하고 맑음으로

설악역

마음에 파랑일 때
작정 없이 떠나는 역 하나 있다

레일도 없고 역사驛舍도 없는
푸른 골짜기
마음 한 장 내밀면
어디든지 갈 수 있는 역 하나 있다

설 자리 잃으면 앉을 자리 내주는
무욕이 주인인 역

어디에나 있지만 어디에도 없는
산중 역이다, 마음의 역이다

눅눅한 습성

설거지를 하다가 포개진 컵
이리저리 돌려봐도 꿈쩍 않더니
찬물을 채운 채
더운물에 담그니 쉽게 빠진다

좁히고 넓히고
조금씩 양보하면 어려울 게 없다지만
매일 좁히기만 하면서 살아가는 건 아닌지
매일 넓히기만 하면서 살아가는 건 아닌지

매끄러운 서울 한복판에서
유리 벽을 넘나드는 아이들이 시리게 다녀가고
물컹한 습성 한 자락에 마음을 적신 나는
포개진 컵 사이에 끼어 오래도록 아팠다

길을 읽다

이사를 하자 길들이 덤으로 딸려 왔다
호명할 필요도 없이
언제나 등을 내밀고 나를 기다리는 길

봄이면 양손에 꽃등을 밝혀 들고
겨울이면 눈꽃을 심어 발자국을 보게 하는
내 무슨 복으로
사시사철 꽃의 배웅을 받으며 살고 있는지

빠르게만 걸을 때 보지 못한 것
둘러보며 읽는 일도 또한 기쁜 것
천천히 가자,
뾰족하게 깎은 기억의 펜으로
갈피에 그었던 다짐을 다시 읽는다

각진 생 다듬느라 길 위에서 보낸 날들
생각하면 길은 나를 담아 익히던
또 하나의 넉넉한 그릇이었다

4부

내이도 달팽이

외이도 지나 내이도 후미진 곳
그곳엔 태어나서 한 번도
집 밖을 나가보지 못한
달팽이 한 마리가 살고 있다

어느 날 무심코 두 손으로 막은 귀
동굴 속을 울리던 귀울음 잊지 못해
밤이 되면 몰래 숨어
울음의 깊이를 재어보곤 하는데

깜깜 절벽을 울리는 검푸른 소리
굽이굽이 고적이 한으로 쌓이면
암각화 한 줄기 피워 낼 수 있을까
슬픔이라 적어 놓고 대속이라 부르면
서로에게 애틋한 유물이 될 수 있을까

죽어서도 굽은 길 펴지 못한 채
닿을 듯 닿지 않는 그만한 거리에서
한 줌 흙으로 스러질 우리가

1월

꼿꼿하게 등 세운 1월이 왔다

새해 새달이라고 태양 앞에 복을 비는 사람들
하지만 그에겐
누구에게나 공평하게 분배할 시간 외에
줄 것이 없다

모두에게 주어진 하루라는 징검돌
걸어가든 뛰어가든 마음대로지만
건너뛸 수는 없다
희망도 절망도 각자의 몫이다

무심히 흘러가는 게 시간 같지만
시간은 매 시가 그의 한평생이다
누군가의 평생을 공짜로 쓴다는 것만큼
어렵고 두려운 일이 있겠는가

지금은 살아 있는 나의 가장 젊은 시간
정갈하게 오신 1월 앞에 마주 서서

정중하게 손을 내민다

그리고 잘해 보자, 잘해 보자
그의 평생에 나를
내 생에 그를 담대하게 얹는다

불 꺼진 십자가

소망교회 첨탑 위
십자가 오른팔에 피가 돌지 않는다

바라만 봐도 마음의 짐을 덜어 주던 십자가

내가 올렸던 기도가 엄살은 아니었나
옳은 팔에 얹기에 합당하였나

새벽 운동 마치고 돌아오는 길
왼팔 하나로 받치고 선 세상의 짐이
오늘따라 곤고하고 무거워 보였다

며칠 후 보니 십자가에 아예 불이 꺼졌다
코로나 때문에 자가격리에 들어가셨나
세상 짐 대신 지고 골고다로 가셨나

어두운 밤
빛 닿는 곳마다 길이 되던 십자가
불 꺼진 자리가 절망처럼 깊다

모래시계

여기는 생의
마지막 병목 구간

드디어 빛이 보이고
세상 모두 꽃길이라
생각될 즈음

누군가 내 생을
손바닥에 놓은 채
거꾸로 뒤집고 있었다

단수

석 달째 비 한 방울 내리지 않자
하루걸러 급수가 시작되었다
아이들 나가고 두 사람 남았으니
사는 데 크게 어려움은 없지만
흐를 게 없다는 말이 그저 아팠다

막혀서 흐르지 못하는 게 아니라
비어서 흐르지 못한다는 말
그러나 산다는 건 비우고 채우는 일
빈 세월 누군들 건너보지 않았으랴

조급해 말자
복수초 눈 뜬 이제 봄이다
가파른 언덕 끊어진 길 찾으며
꽃들 오는 중이고
꽃 오면 그 길 달려 봄비 올 테니
하루를 자더라도 편하게 자라
열어 놓은 수도꼭지를 단단하게 잠근다

압력밥솥을 읽다

꼭지가 돌면
세상 보이는 게 없다지만
꼭지가 돌아야
세상이 바로 보이는 밥솥이 있다

열리려는 힘과
열리지 않으려는 힘이 빚는
상충의 공간 속에
밥으로 다시 사는 거룩한 반전

단단함이 부드러워질 때까지
어떤 일이 벌어지는지 나는 모른다

다만
거칠게 내뿜는 단내 나는 숨소리와
잦아드는 평온 속에
필요한 만큼만 채우고 버리는 힘

그 한 줄만 제대로 읽기로 했다

그래도 꽃

피는 꽃 슬쩍 밀어 올리며
지는 꽃 쓰윽 밀어 내리는
꽃들의 숨은 거래

밀지 마
밀지 마
시간의 무덤 속으로 떠밀리는
나를 추스르며

아직은 꽃이다
그래도 꽃이다

지난한 연민
통속처럼 피워 보는
지금은 나도 꽃

밀며 밀리며
사시사철 피어 있는
그래서 나는 꽃

나도 그런 때가 있었다

그때는 정말 미안했어
노란 애기똥풀 앞에
허리를 낮추고 가만히 속삭인다

선생님은 화장실도 안 간다고
믿었던 때
정말 꽃 속에 똥이 있을까
꺾을까 말까 망설이다가
꽃이 아파하면 어쩌나 걱정하다가
재빨리 꺾어 냄새를 맡던
나도 그런 때가 있었다

여리고 착한 것들만 세상에 사는 줄
순하고 곧아야만 잘 사는 것인 줄
믿었던 때가 내게도 정말 있었다

그믐 무렵

사시사철 등이 아프다고 했다 단단히 휘어져 더 이상 펴질 것 같지 않은 무례한 마흔 길 여자는 손목에다 두 번의 금을 그었다 부적 같은 아랫도리 그 문이 그녀의 밥줄이었다는 걸 알았을 때 내 귀에선 검은 물소리가 쉼 없이 났다 사각모를 쓰고 환하게 웃던 그녀의 스물셋 빛나고 탄탄하던 이력은 다 어디로 간 걸까 조금씩 흐려지고 조금씩 더 낡아가는 마음 길에 앉아 그녀의 굽은 등이 펴지길 간절히 기도했다 그 후 불면의 새벽을 몇 해나 보냈을까 풍문도 그믐처럼 길이 휘었던지 사내들이 먹다 버린 뼈만 남은 한 여자의 부재 증명서를 받아 든 건 허공에도 내 등에도 그믐이 걸린 어느 눈 내리던 겨울밤이었다

스미다

응급실 한 편에서 통증 주사를 맞고
마취가 풀리기를 기다린다

밀려오던 잠에서 벗어나는 순간
두 손을 꼭 잡고 한 발 한 발 조심스럽게
응급실 문을 나가는 노부부의 뒷모습
마치 회혼례를 마치고 퇴장하는
행진의 거룩 같다

우기도 있고 건기도 있었겠지만
저렇듯 아름다운 뒷모습을 보일 수 있다는 것은
믿음과 소망 아니었을까
아픔은 고이는 게 아니라
잠시 숨을 고르는 것
미리 절망 쪽을 기웃거리지 말자

노부부의 굽은 등 같은 겨울 오후 다섯 시
마음보다 먼저 젖은 허리가 일어나
집 향해 가지런히 신발을 놓는다

소한 무렵

입동 지나
히비스커스를 분에 담아 안으로 옮겼습니다

집 몸살이 났는지
하나둘 잎에 노랑물을 들이더니
제 발아래 모두 떨구고 맙니다

윤기 나는 잎들 위에
손바닥만 하게 써 붙이던 선홍빛 이력 대신
앙상한 뼈대 위에 걸어 놓은 병상 일지

아파요
아파요, 나를 부르지만
해줄 게 없는 나는 물그릇을 들었다 놨다
마음만 동동 구릅니다

밖에는 스산하게 겨울비 내리고
일기예보다 먼저 온 소한 추위

유리문을 때리는 바람 소리 들었는지
콩알만 한 꽃봉오리 힘겹게 달아 놓고

괜찮아요
참을 만해요
아픈 꽃나무가 내게 위로를 건넵니다

아름다운 회귀

산책을 함께 나온 어린 조카
길에 버려진 종이컵을 줍더니
낙엽 몇 잎 걷어 내고 나무 아래 묻는다

쓰레기는 쓰레기통에 버려야지
내가 말하자
종이컵의 엄마는 나무이니까
엄마와 함께 있게 해 줘야 된단다
그리고 이다음에
흙이 돼서 모두 만나는 거란다

서늘한 등줄기 위에다
어른의 어미를 태우고 집으로 오는 길

멀리 엄마가 보이자
등에서 내린 종이컵
달려가서 두 팔에 안긴다, 아니
먼저 된 종이컵에
애기 나무 한 그루 쏘옥 담긴다

오래된 미래 한 갈피
푸른 경적을 울리며 힘차게 지나가고

산다는 게 참

포도나무를 심어 놓고
포도가 익어가길 기다리던 첫해
말랑해지는 모습이 그저 신기해
따먹지 못하고 바라만 보았는데
자고 일어나니 새들이 제 영역처럼
포도알에 콕콕 오목새김을 해 놓았네

그 후 여름이면 포도나무 아래 서서
오는 새를 일처럼 쫓아내곤 했는데
어디선가 지켜보며
신 포도의 여우가 되었던 건 아닌지

서로를 잠시 믿었던 것인데
포도알 몇 개 그게 뭐라고
눈치 보며 눈치 주며 돌아보니 그렇네

가끔은 아주 가끔은
가지 않아도 될 곳에 먼저 가 있는
산다는 게 참 그렇네, 내가 아직 그렇네

매듭의 속성

꼭 묶은 신발 끈이 뛰다가 풀어지고
실밥이라 잘랐는데 풀려 버리는 올처럼
풀려야 할 때 풀리지 않고
풀리지 말아야 할 때 풀리는 생의 끈
이순이 넘도록 사는 게 서툰 나는
매듭의 속성을 익히지 못해
오늘도 쏟아지는 난감을 일처럼 서서 묶고 있다

생의 변곡점

안경을 쓰고 보청기를 낀 시어머니
티브이를 보다가 눈이 침침하다며
서너 달 전 바꾼 안경을 다시 바꿔 달라 신다

늙으면 본 것도 못 본 척
들은 것도 못 들은 척해야 한다며
그래서 신이 귀도 눈도 어둡게 했다더니
헐렁해진 시간 속에 고집을 채워 넣고
회전문처럼 같은 말을 반복하여 돌리신다

이제 어머니 떠나시고 그 자리에 앉은 나
안경을 쓴 채 안경을 찾고
어머니처럼 안경 탓을 하며 눈을 비빈다

문밖 유리창에는 실오리 같은 빗줄기가
끊기면서 내려앉고
깨진 내 다짐은 늘어진 유행가 테이프처럼
제 자리를 잊은 채
침침해진 눈가를 쉼 없이 들락거리고

길 위의 길

낮은 곳에 드니 사방이 길이다

눈 감고 귀 하나만 열어도
내 안 온통 꽃길인데
빈손이 빈손을 밀어내던
수많은 날들

길 위에서 길 찾느라
반평생이 흘렀고
내 쪽으로 돌아 눕히느라
또 반생을 보냈다

나를 지우면 더 잘 보이는 길

굽이굽이 길지만
마침표가 없는 그곳은
내가 찍는 생의 부호가 있을 뿐이다

서로라는 말

꽃모종을 사 왔다
담긴 흙 모두 털어 내고 심을까 하다가
겉흙만 덜어 내고 화단에 심는다

객지로 나가면
고향 까마귀만 봐도 눈물이 난다는데
살붙이로 온 흙 함께 넣으니
낯설어 말고 의지하며 살라고
누름돌 마음 얹어 꽃을 심는다

어두운 땅속에서
스스로 길을 찾아야 할 여린 뿌리와
뿌리를 믿고 피어날 꽃망울들이
서로가 서로에게
기쁨이길 바라며 흙을 덮고 일어서다가
화단 경계석 틈새에 쪼그리고 앉아 있던
키 작은 민들레와 눈이 마주쳤다

눈치의 둘레를 가늠하며

차마 키를 키우지 못했을 변방의 저 목숨

순간
서로라는 말이 벗어 놓은 이면의 껍질들이
내 늑골 깊은 곳에 옹이 하나를
화인처럼 단단하게 새기고 있었다

시간의 문

말을 걸면
쟁여 놓은 슬픔이 우르르 쏟아질까
까치발 들자
마음에 당부하고 돌아서는데

인기척에 놀랐는지 늘어진 꽃잎 몇 장
풀린 문고리 사이로 따라나선다

제 발등에 쌓는 붉은 꽃무덤
한 장 들어 꼬옥 눌러본다

손끝에 묻어나는 따뜻한 피
익다가 만 내 어제만 같아
기억을 닫고 얼른 봄을 건넌다

꽃 진 곳에 살 차오르면
푸름이 깊으리라
아무렇지도 않게
꽃 보내던 문으로 여름을 맞듯이

| 해설

언어로 그려진 담백한 수채화를 보다

김 종 헌(시인)

Ⅰ. 들어가는 말

 최명선 시인과 필자는 2004년부터 〈갈뫼〉 동인으로 문학 활동을 함께하고 있다.
 최명선 시인은 2004년 등단 후 2006년 첫 시집 『기억, 그 따뜻하고 쓰린』을 상재하고, 2016년에 두 번째 시집 『말랑한 경문』을 세상에 내놓았다. 그리고 5년 후 세 번째 시집 『환승의 이중 구조』를 묶어낸다.
 필자는 시를 쓰는 시인인 동시에 다른 이가 쓴 시를 읽는 것을 즐겨하는 독자이기도 하다. 시인으로서 필자는 A라는 메시지를 공유하기 위해 B라는 작품을 세상에 내놓는다. 그런데 재미있게도 필자는 A를 이야기하고자 했는데, 독자는 C를 이야기하고 D를 이야기한다. 어떤 경우에는 필자가 전혀 의도하지 않았던 Z가 도출되기도 한다. 바로 문학이 가진 속성이다. 그 속성이 주는 재미로 작품을 쓰는 작가가 존재하고, 읽는 독자가 탄생한다.

   그런 의미에서 지금부터 쓰고자 하는 최명선 시인의 세 번째 시집인 『환승의 이중 구조』에 대한 시 해설은 시인의 시각이 아니라, 독자의 시각으로 해석해 보고자 한다. 다시 말해서 문학이론과 비평에 대한 전문 지식을 가진 비평가로서의 해설이 아니라, 독자인 김종헌이 느끼고 생각한 것들을 그냥 주절대보는 것이다. 최명선 시인이 던진 메시지가 A일지라도 필자가 읽어낸 메시지는 B가 될 수도, Z가 될 수 있다는 의미다. 한 발 더 나가면, 필자가 오독한 Z를 여러분은 또 A로 유추해 낼 수 있을 것이다.

Ⅱ. 최명선 시인의 시가 가진 의미 찾기

   사람이 가진 지문이 다르듯 모든 예술가들은 자기만의 색깔을 갖고 있다. 시인의 색깔 또한 그러하다. 단지 그 색이 가지는 선명성과 확연성이 정도가 다를 뿐이다.

   그렇다면 최명선 시인의 시 세계가 가지는 색깔은 무슨 색일까? 그것을 찾기 위해 필자는 먼저 나온 두 권의 시집 『기억, 그 따뜻하고 쓰린』과 『말랑한 경문』의 시집을 다시 읽고, 김점용 시인이 쓴 작품 해설을 꼼꼼히 들여다보았다.

   최명선 시인의 첫 번째 시집 『기억, 그 따뜻하고 쓰린』의 시 해설을 한 김점용 시인은 발문에서 "최 시인은 얄팍한 제스처로 세인의 주목을 받으려는 개인적 욕심이 없다"라며 "그의 시편들에는 타자에 대한 애틋한 사랑과 참 자아로 돌아가기 위한 회한과 갈등, 자기와의 싸움이 넘친다"라고 평했다.

  또한 "최 시인의 시편들은 내면에 가득한 슬픔과 욕망, 그리고 그것을 넘어선 세상에 대한 길 찾기다. 세상에 대한 환멸을 지니고 있으면서도 '비애의 힘'으로 다시 일어나 길을 걷는다. 또 세속적인 것을 인정하며 욕망에 대한 정직한 응시와 갈등을 통해 내면세계를 다듬어 나간다."라고 평했다.

  김점용 시인은 최명선 시인의 두 번째 시집 『말랑한 경문』의 작품 해설에서는 최 시인의 시세계를 "종교가 빈 구멍에서 생기는 질문들을 신의 뜻으로 외피를 감싸고 결국 개인적인 믿음의 문제로 봉인해 버린다면, 최명선의 시는 몸소 수많은 구멍 속으로 기꺼이 들어가서 여기는 어디까지나 인간의 장소, 인간의 슬픔, 인간의 춤과 웃음, 우리들의 다채로운 생로병사가 있는 곳이라고 당당하게 말한다. 단정한 시의 깃발을 곳곳에 펄럭이며 찬찬히 보여 준다."라고 평했다.

  위 두 권의 시집에 실린 작품과 작품 해설을 보고 나서 필자는 '내면에 가득한 슬픔과 욕망, 그리고 그것을 넘어선 세상에 대한 길 찾기다.'라는 해석과 '단정한 시의 깃발'이라는 키워드에 동의한다. 그리고 그 키워드를 바탕으로 최명선 시인의 세 번째 시집 『환승의 이중 구조』를 다시 해석해보고자 한다.

Ⅲ. 떠나가는 것과 저물어감에 대한 서사

  최명선 시인의 세 번째 시집 『환승의 이중 구조』를 통독

하면서 필자가 얻은 첫 번째 키워드는 '떠나가는 것과 저물어감에 대한 서사'이다.

    필자와 최명선 시인은 이순(耳順)을 지나 고희(古稀)로 가는 같은 타임벨트를 타고 있다. 그러다 보니 파릇파릇 돋아나는 새싹 돋는 계절보다 잎이 떨어지고 가지가 드러나는 계절에 눈길이 더 갈 수밖에 없다.

    그 자리
    잊은 듯
    새살이 돋겠지만

    새살 돋아
    아무렇지도 않게
    살아지겠지만

    골목 어귀에서
    서성거리는
    등 굽은 여름

    어디로 가는 걸까
    사라지는 것들은

                           —「처서」 부분

    불같이 뜨겁고 열정적이던 여름은 '화상 자국'을 여기저기 남기고 떠나간다. 자연은 계절의 순환에 따라 그 상처 위에 다시 '새살이 돋고, 아무렇지 않게 살아지겠지만' 인간의 삶은 그렇지 못하다. 새살이 돋기보다는 떠나보내는 것들이 많을 수밖에 없다.

> 그제는 꽃무릇 잎이 떠났습니다
> 뜨거운 내력으로 꽃무덤 쌓으며
> 오늘은 능소화가 무리 지어 갔습니다
> ―「끝물」 부분

그제는 '꽃무릇'을, 오늘은 '능소화'를 떠나보내듯 부모와 친구를 보내야 하는 시간들이 더 많아지는 시기다. 떠나보내지는 않았지만 "휘어진 오이와 성치 않은 호박" 같은 이들이 "말라붙은 어미의 가는 젖줄을 힘겹게 물고" 만들어 내는 "뜨겁고도 서늘한 풍경"과 "끝물들의 눅눅한 풍경"이 더 많이 눈에 들어오는 나이이기 때문이다.

어디 자연의 풍경뿐이랴. 주변에 보이는 사물이나 현상 또한 그러하다.

> 쓰레기장에 버려진 벽시계 하나
> 사망 시간을 가슴에 적어 놓고
> 편안하게 누워 있다
>
> 소요를 물리고

낙관처럼 찍은 생의 끝 점

어떤 죽음이 저렇게 간결할 수 있을까

— 「버려진 시계」 부분

이름을 놓아 버린 의자와 폐목 사이

누추가 세워 놓은 꼿꼿한 기다림

기울어진 한 치가 전생보다 길다

— 「오래된 의자」 부분

늙고 병든 새가 모습을 감추고

하릴없는 나도 남겨지면서

텅 빈 새장 바라보듯

비어 가는 뼈마디 곳곳 들여다보며

떠나는 것들에 대한 서사를 만져보는 것이다

— 「떠나는 것들에 대하여」 부분

이렇듯 최명선 시인의 눈길은 '쓰레기장에 버려진 벽시계'와 못이 빠져 버린 '오래된 의자'와 '텅 빈 새장'처럼 살이 부러져 담벼락 밑에 버려진 우산에서 자신의 저물어가는 모습을 찾아낸다. 그리고 그 속에서 자신을 관조한다.

"그가 택한 건/ 죽음이 아니라 자유일 것 같아서/ 소리를 빠져나온/ 또 다른 세상의 고요일 것 같아서//"(「버려진 시계」)라고 고백하고, "나는 아직 살아있고/ 누군가 불러주는 참 예쁜 벗나무 잎이라는 말을/ 만장처럼 끌어안고 눈을 감는다/ 서로가 서로에게/ 잠들면 죽는다는 소리를 유언처럼 건네며/ 나무의 울 안을 서서히 벗어난다//"(「떠나는 것들에 대하여」)라고 스스로를 위안한다.

  떠나는 것, 떠나보내는 것, 저물어감의 근본적 기저는 쓸쓸함과 씁쓸함, 그리고 두려움이다. 그러나 최명선 시인의 떠나보냄의 서사는 그 쓸쓸함과 두려움을 기저에 두되 명징한 시어로 승화시켜 관조의 경지에 이르게 한다는 것이다. 그 관조의 경지는 살아 있는 모든 이들이 필히 겪는 소중한 사람들을 떠나보내고도, 살아 있는 사람은 또 그렇게 살아가야 한다는 지극히 일상적인 경험에서 만들어진 것이다.

    김장하고 남은 파를 화분에 심었다
    잘라먹어도 금방 자라는 초록 기둥

    몇 번을 잘랐을까
    상처를 말라 붙인 채 자람을 멈춘 파

    비스듬히 누워 있는 파를 뿌리째 뽑는다
    어둡고 습한 땅속에
    질기디질긴 거죽만 걸친 텅 빈 속

    토실토실 살 오른 자식들 곁에
    자주 어지럽다 누우시던

병약한 어머니가 거기 계셨다

가진 것 다 주고
견딜 수 없는 것을 견뎌내던 어머니

요양원 한편에서 주무시다가
혼자 떠난 하늘길이 내내 섭섭했는지
꿈도 아닌 세상 속에 샛길을 내고
이렇게 가끔 딸집에 들르시곤 하신다
―「곡두」 전문

나이를 먹으면 내 몸도 내 것이 아니라며
이승에서나 저승에서나 자식 걱정인 어머니
깊은 밤 가슴에 두 손을 얹고
응집된 어제를 허무는 몸의 무례를
말없이 견디는 딸이 안타까웠는지
약봉지를 들고 거울 앞에 나타나
기우뚱거리는 집을 가만히 지켜보신다
―「오래된 집」 부분

'가진 것 다 주고, 견딜 수 없는 것을 견뎌내던 어머니'는 돌아가셔서도 '샛길'을 내서라도 딸의 곁으로 와서 '약봉지 들고 거울 앞에 나타나' 기우뚱거리며 저물어가는 나를 지켜보고 있다는 생각에 견뎌내는 것이다. 어디 어머니뿐이랴.

도배를 새로 하려 벽지를 걷어내자
　　벽 한쪽에 실금이 나 있다

　　붉은 꽃 속에 감추어진 상처 한 줄
　　아버지 몸에 난 수술 자국 같다
　　어둡고 시린 곳에서 스스로 살을 찢기까지
　　얼마나 많은 견딤이 오고 갔을까

　　빛바랜 꽃들을 뽑아내고
　　환하게 새 벽지를 입혀보지만
　　상처에 자꾸 손이 가듯
　　마음이 먼저 가 길을 내는 곳

　　기대면 눈 붉어지는 벽 하나 있다
　　상처는 오래도록 흔적을 남기지만
　　흔적마저 따뜻한 아버지의 등

　　오늘도 나는 그 등에 기대
　　아버지와 한참을 그렇게 있다 왔다
　　　　　　　　　　　　　—「따뜻한 슬픔」 전문

　오래전에 떠나보낸 아버지지만, 시인은 벽에 간 실금에서 아버지를 환생시켜 그 등에 기대어 슬프지만 따뜻함을 기억한다. 그리고 그렇게 떠나버린 소중한 이들이 남긴 "맘 놓고 밟고 가라/ 걱정 말고 딛고 가라/ 비탈마다 써 붙인 낯익은 육필 편지"(「쓸쓸한 당부」)에 위안받고, "이제 어머니 떠나시고 그 자리에 앉은 나/ 안경을 쓴 채 안경을 찾고/ 어머니처럼 안경 탓을 하며 눈을 비빈다"(「생의 변곡점」)처럼 이제 저물어가는 삶을 살아갈 수 있는 힘을 얻는다.

> 애써 도리질을 하며
> 아직은 시야 밖이다, 마음 달래 보지만
> 몇 굽이 돌면 만나게 될
> 내 생의 미리 보기
> ——「미리 보기 한 컷」 부분

> 그 아래
> 잊었다는 것조차 잊어버린
> 알츠하이머 할머니
> 모락모락 김 오르는 따끈한 기억만
> 골라 솎아내며 함께 가시고
> ——「망각」 부분

인간이 갖고 있는 가장 큰 두려움의 존재는 죽음이다. 생의 유한함을 익히 알고 있지만, 살아가는 과정에서 애써 대면하려 하지 않는다. 그러나 주변에서 누군가의 죽음을 대하게 되면 다시 한번 생각하게 만드는 두려운 화두이다. 그 과정에 놓여 있는 '다리'가 늙어간다는 것이다. 그냥 늙어가는 것이 아니라 어딘가가 고장 나고, 고장 난 것을 고치려 애쓸 수밖에 없게 된다. 그 과정이 자신이 가장 소중한 이들에게 피해를 줄 수 있다는 것이 우리가 갖는 또 다른 두려움이다.

  그러나 위의 시에서 만나는 '몇 굽이 돌면 만나게 될 내 생의 미리 보기', '모락모락 김 오르는 따끈한 기억만 골라서 속아내며 함께 가시고'라는 구절을 읽으면, 떠나보내는 것과 저물어감에 대한 슬픔보다 노사연의 '바램' 가사처럼 '우린 늙어가는 것이 아니라 조금씩 익어가는 겁니다'라고 우길 수 있는 힘을 얻게 된다.

    아픔은 고이는 게 아니라
    잠시 숨을 고르는 것
    미리 절망 쪽을 기웃거리지 말자

                             —「스미다」 부분

  그래! 떠나기 위해 저물어가는 시간 '미리 절망 쪽을 기웃거리지 말고 잠시 숨을 고르자'.

Ⅳ. 소소한 일상과 사물에서 깨달은 삶의 성찰

  최명선 시인의 작품에서 필자가 찾아낸 두 번째 키워드는 일상에서 깨달은 삶의 성찰에 대한 빛나는 표현들이다. 인간은 살면서 늘 자신의 존재에 대해 생각하며 산다. 아니다 그렇다는 것이 아니라, 그런 사람들이 있다. 그중에서 글을 쓰는 이들은 이 화두에 접하지 않는 이는 별로 없을 것이다. 나는 누구인가? 지금의 나는 어떻게 살고 있는가? 그 답을 어떤 이는 종교에서 찾고, 어떤 이는 일상의 삶 속에서 끌어낸다.

    꼭지가 돌면
    세상 보이는 게 없다지만
    꼭지가 돌아야
    세상이 바로 보이는 밥솥이 있다

    열리려는 힘과
    열리지 않으려는 힘이 빚는
    상충의 공간 속에
    밥으로 다시 사는 거룩한 반전

    단단함이 부드러워질 때까지
    어떤 일이 벌어지는지 나는 모른다

    다만
    거칠게 내뱉는 단내 나는 숨소리와
    잦아드는 평온 속에
    필요한 만큼만 채우고 버리는 힘

    그 한 줄만 제대로 읽기로 했다
                              — 「압력밥솥을 읽다」 전문

여기는 생의
마지막 병목 구간

드디어 빛이 보이고
세상 모두 꽃길이라
생각될 즈음

누군가 내 생을
손바닥에 놓은 채
거꾸로 뒤집고 있었다

—「모래시계」 전문

 우리의 일상에서 늘 마주치는 압력밥솥을 보고 "필요한 만큼만 채우고 버리는 힘/ 그 한 줄만 제대로 읽기로 했다"와 "누군가 내 생을/ 손바닥에 놓은 채/ 거꾸로 뒤집고 있었다"와 같은 빛나는 표현을 찾아낸 시인의 심안이 놀랍다. 이는 늘 자신의 삶을 성찰하면서 살지 않았다면 빚어낼 수 없는 절창이다.

 최명선 시인은 「버려진 시계」에서 "소요를 물리고/ 낙관처럼 찍은 생의 끝 점/ 어떤 죽음이 저렇게 간결할 수 있을까"라고 죽음에 대한 성찰을 찾아내고, 「눅눅한 습성」에서 설거지하다 빠지지 않는 겹쳐진 유리컵을 통해 "좁히고 넓히고/ 조금씩 양보하면 어려울 게 없다지만/ 매일 좁히기만 하면서 살아가는 건 아닌지/ 매일 넓히기만 하면서 살아가는 건 아닌지"와 같은 삶의 방식에 대한 자기반성을 한다.

> 몸에 익은 것들 하나둘 곁 비우는 이즈음
> 빼곡히 들어찼던 욕망도
> 여기저기 기웃거리던 관심도 떠나고
> 쓸쓸한 평안만 오롯합니다
> 그 속으로 푸들푸들 적막이 자라지만
> 언젠가는 그도 저물고 만다는 걸
> 나는 압니다
> ―「저무는 봄밤」 부분

> 구불구불 허리를 구부린 채
> 빗방울을 받아 내는 길을 본다
> 조그맣고 말랑한 빗방울을 위하여
> 몸을 굽힐 줄 아는 넉넉한 하심
> ―「비를 읽는 오후」 부분

　최명선 시인의 성찰은 일상의 자잘한 소품에서 뿐만 아니라 자연 현상에서도 삶에 대한 성찰을 읽어 낸다. 저무는 봄밤 내리며 녹는 눈에서 '비움의 미학'을 찾아내고, 소나무 끝에 매달린 빗방울이 떨어져 흘러가는 모습에서 '하심'을 배운다.

> 꼭 묶은 신발 끈이 뛰다가 풀어지고

> 실밥이라 잘랐는데 풀려버리는 올처럼
>
> 풀려야 할 때 풀리지 않고
>
> 풀리지 말아야 할 때 풀리는 생의 끈
>
> 이순이 넘도록 사는 게 서툰 나는
>
> 매듭의 속성을 익히지 못해
>
> 오늘도 쏟아지는 난감을 일처럼 서서 묶고 있다
>
> ─「매듭의 속성」 전문

  그러나 우리 사는 일은 그런 '비움'이나 '하심' 같은 단어가 가지는 의미대로 살아지는 게 아니라 "풀려야 할 때 풀리지 않고, 풀리지 말아야 할 때 풀리는 생의 끈"과 같다. 술술 풀리는 실타래가 아니라, 자칫하면 꼬여버리는 매듭의 속성을 알지 못하면 사는 일이 쉽지 않다고 난감해하면서도 스스로 그 답을 찾아낸다.

> 빠르게만 걸을 때 보지 못한 것
>
> 둘러보며 읽는 일도 또한 기쁜 것
>
> 천천히 가자,
>
> 뾰족하게 깎은 기억의 펜으로
>
> 갈피에 그었던 다짐을 다시 읽는다
>
> ─「길을 읽다」 부분

  그리고 「누구의 봄이었을까」에서 꺾여서 버려진 찔레꽃 가지를 꽃병에 꽂으며 "오는 길 매웠으면 사는 길은 아름다워야지"라고 자신의 희망을 조근 조근 속삭인다.

  시인은 누구나 자신의 주변에서 소재를 찾아 자기만의 방식으로 메시지를 만들어 전달하고자 한다. 그러나 자신과 삶에 대한 꾸준한 성찰이 없다면, 그 언어는 빈 메아리처럼 공허하다. 그런 의미에서 최명선 시인의 전 작품을 관통하는 빛나는 한 소절은 칭찬받아야 마땅하다.

Ⅴ. 언어와 시적 장치의 이중 구조

  최명선 시인의 세 번째 시집 제목인 「환승의 이중 구조」를 먼저 살펴보자.

>이번 역은 소요역입니다
>내리실 분은 불빛 쪽 문을 이용하시기 바랍니다
>안내 말이 채 끝나기도 전
>익숙한 듯 올라타 자리를 잡는 열 시
>
>거기는 임산부와 노약자 자리입니다
>덜 익은 어둠이 주춤거리는 사이
>만삭의 열한 시가 뒤뚱거리며 올라탄다
>
>소요를 떠나보낸 고요역
>꼬리 잘린 도마뱀처럼 열두 시가 사라지고
>시간의 숲으로 울음도 없이 태어나는 또 다른 하루

오늘과 내일의 환승역에서
흘러내리는 피곤을 바닥에서 떼어내며
길에게 끌려가는 시든 청춘들
다시 못 볼 것 같은 눈빛으로 서로를 배웅하고
어둠이 반기는 골목을 오른다

공중 부양된 역사에서
형광색 불빛 하나 마중을 나오고
힘 얻은 바닥이 바닥을 밀며 다다른 곳

그곳은 어린 것의 숨소리 하나만으로도
등이 휜 아비의 하루가 펴지는
환승의 마지막 종착역이다

—「환승의 이중 구조」 전문

 최명선 시인은 '왜 세 번째 시집의 제목을 『환승의 이중 구조』로 택했을까?'라는 의문과 작품 해설의 오독을 조금이라도 줄이기 위해 필자는 앞서 출판된 두 권의 시집을 다시 펼쳐야 했다. 살펴보다 첫 번째 시집 『기억, 그 따뜻하고 쓰린』에 실린 작품 해설 부분에서 그 작은 답을 찾았다. 김점용 시인의 작품해설을 인용해 다시 살펴보자.

泥水와 離水 사이,
날개도 없이 비상을 꿈꾸다

利水라는 환승역을 놓쳤습니다
먼지 이는 소로에서 문득 뒤돌아보니
그 역이 내 삶을 바꿔놓을 수 있었던
유일한 환승역은 아니었을까
여기저기 막힌 물꼬 시원하게 터 주었을
어쩌면 거기가 내가 놓친
마지막 利水의 비상구는 아니었을까
갈증 같은 환승역, 다시 이수에서 문득

　　　　　　　─「다시 이수역에서」 전문

환승역을 놓쳤다는 것은 이미 균형점을 넘어섰다는 것을 의미한다. 그곳을 지나면 오직 한 방향으로의 이동만이 남는다. 하지만 시적 화자의 마음은 여전히 "泥水와 離水 사이"의 환승역인 "利水"로 다시 돌아와 두리번거린다.

환승역에서처럼 삶을 갈아탈 수 있다면…. 그때 내 마음의 주소를 바꾸었더라면…. 어쩌면 그것이 마지막 기회였는지도 모르는데….

누구나 한번쯤 그런 상념에 시달렸을 것이다. 필자 역시도 그랬다. 지금까지 타고 온 궁상맞고 지리멸렬한 생의 노선을 버리고, 뭔가 짜릿하고 격렬한 생의 비등점으로 갈아타고 싶었다.

가족을, 학교를, 사랑을, 직장을, 국적을, 지구를, 아니 차라리 다른 몸을 입었더라면…,

그래서 화자에게 환승역은 채워질 수 없는 "갈증 같은" 것이다. 그것은 목마름이자 허기이고 부재이자 결별이며 틈이고 균열 같은 것이다. 그것은 또, 말하는 순간 사라지는 침묵처럼 비어 있어야만 균형을 유지하는 것, 채워지는 순간 봉합돼 버리는 무엇이다.

그러고 보니 이번 시집에는 그러한 결절점들이 자주 눈에 띈다. (작품해설에서 인용)

위의 해설처럼 최명선 시인에게 오래전의 '환승역'은 가보지 못한 길에 대한 아쉬움이었다면, 이번의 '환승역'은 원하지 않아도 갈아타야 하는 '오늘과 내일의 환승역'이며 '힘 얻은 바닥이 바닥을 밀며 다다른 곳'이다. 또한 '그곳은 어린 것의 숨소리 하나만으로도 등이 휜 아비의 하루가 펴지는 환승의 마지막 종착역이다'라고 각성이 일어나는 곳이다.

그리고 위의 해설에서 인용된 「다시 이수역에서」를 보며 깨닫게 되었다. 최명선 시인은 지하철 역명인 '이수'라는 단어에서 '흙이 풀리어 몹시 흐려진 물'이라는 '泥水', '물을 떠나다'라는 '離水', '물이 잘 통하게 한다.'는 의미를 가진 '利水'를 찾아내고 결합한다. 시인이 새로운 시적 메타포(metaphor)를 창출하는 능력이 매우 뛰어나다는 것을 알 수 있다. 즉 언어의 '이중 구조(二重構造)'를 잘 활용하여 우리가 살아가는 삶 자체가 '이중 구조'라는 것을 역설하는 데 아주 뛰어나다는 것이다. '이중 구조(二重構造)'란 '두 개의 얼개로 이루어진 상태'라는 사전적 의미를 가지고 있다.

필자는 최명선 시인이 가지고 있는 시 세계의 가장 큰 특징을 '언어와 시적 장치의 이중 구조(二重構造)'라는 어휘가

대표한다고 생각한다. 세 번째 시집 『환승의 이중 구조』에 나타난 그 빛나는 '언어와 시적 장치의 이중 구조(二重構造)'를 살펴보자.

    꼭지가 돌면
    세상 보이는 게 없다지만
    꼭지가 돌아야
    세상이 바로 보이는 밥솥이 있다
                        —「압력밥솥을 읽다」 부분

    매일 좁히기만 하면서 살아가는 건 아닌지
    매일 넓히기만 하면서 살아가는 건 아닌지
                        —「눅눅한 습성」 부분

    오는 길 매웠으면 사는 길은 아름다워야지
                        —「누구의 봄이었을까」 부분

    멀었으나 가까워진 오늘처럼
    무거웠으나 가벼워진 지금처럼
    저문다는 건 피어나는 일 다름없다고
    내가 나를 다독이는 따듯해서 시린 밤
                        —「저무는 봄밤」 부분

    피는 꽃 슬쩍 밀어 올리며

지는 꽃 쓰윽 밀어 내리는

　　　　　　　　　　—「그래도 꽃」부분

　　풀려야 할 때 풀리지 않고
　　풀리지 말아야 할 때 풀리는 생의 끈

　　　　　　　　　　—「매듭의 속성」부분

　　빛나서 빛이 되는 게 아니라
　　그림자로 녹아들어 빛이 되는 그를

　　　　　　　　　　—「소금꽃」부분

　위에서 살펴본 것처럼 최명선 시인은 우리말 한글이 가지는 양가성(兩價性 - 동일 대상에 대한 상반된 태도가 동시에 존재하는 성질)을 살려내어 '언어의 이중 구조'로 시적 장치를 만들어 내고, 그 시적 장치를 통해 '삶의 이중 구조'를 노래하는 데 뛰어난 재능을 가지고 있다. 첫 번째 시집 『기억, 그 따뜻하고 쓰린』이나, 두 번째 시집 제목 『말랑한 경문』도 이를 대표하고 있다. 세상에 그 딱딱한 경문 앞에 '말랑한'이라는 수식어를 붙일 수 있는 시인은 그리 많지 않다. 그래서 필자는 최명선 시가 가지는 화두를 '언어의 양가성과 이중구조'로 정의한다.

Ⅵ. 나가는 말

　최명선 시인의 세 번째 시집 『환승의 이중 구조』 초고를 읽고 나니, 시를 읽었다는 느낌보다 수채화 전시장을 한 바퀴 둘러본 느낌이 더 강하다. 그것은 최명선 시인이 소나무에 맺힌 빗방울을 '솔잎 끝에 슬어놓은 비의 알'로, 망가진 선풍기를 '조롱 속에 갇힌 늙은 새 한 마리'로, '동력 잃은 어느 가장의 기약 없는 무급 휴가'를 '무례한 쉼표'로 보는 맑은 눈을 가졌기 때문이다.

서두에서 이야기했듯이 지금까지의 작품 해설은 최명선 시인이 A라고 이야기한 것을 필자의 움벨트(umwelt)로 해석한 B이거나 C다. 아니, 어쩌면 Z일 수도 있다.

바라는 바는 그 B나 C, 어쩌면 Z을 이 작품해설을 읽는 이들이 다시 A로 환치하시길 바라며 수채화 같은 작품 하나 소개하며 작품해설을 마친다.

    툭
    끈이 끊어지듯
    툭

    생의 전부를 놓고 가는 마지막 말이
    저리 뭉툭하다니

    하지만
    이보다 더 깊은 고요가 있을까도 싶고
    이보다 더 아픈 이별이 있을까도 싶고
                                 —「동백의 서書」 전문